따뜻한 기울기

따뜻한 기울기

김향자 시집

도서출판 천우

시인의 말

학창 시절부터 소월 시집을 만지작거리며

키워왔던 문학의 꿈.

가을이 되면 나뭇잎이 떨어지고 다시 봄이 되면

으레 새싹을 틔우는 것처럼 내 문학의 길은 쳇바퀴만 구르며

제자리에 머물러 있었다.

내 생의 위기가 되어주신 열정적인 교수님과

따뜻한 시우들 덕분에 이 가을, 첫 시집 발간의 첫 단추를 채운다.

튼실한 두 번째 세 번째 단추를 꿈꾸며 겸허한 시 쓰기에

매진할 것을 다짐해본다.

2023년 9월

김 향 자

무아의 경지속에서 탄생한 시세계

김 천 우
시인 · 문학평론가 · (사)세계문인협회 이사장

태화강 강변, 가을이 오는 소리, 천리 먼 길에서도 흐르는 강물처럼 젖어드는 시절 좋은 때, 맑고 청아한 시혼을 노래하는 김향자 시인의 향기로운 처녀시집『따뜻한 기울기』상재는 가을의 전령사로부터 영혼의 초대장을 받은 듯 축복의 엘레지 송, 하얀 종소리처럼 아득하고 은밀하게 들려온다. 제1부 노을 이쪽과 저쪽을 시작으로 제2부 살고 있다 제3부 따뜻한 기울기, 제4부 향긋한 그리움으로 제5부 지금이 천국이다는 탄탄한 언어의 결정체로 탄생했다.

내공이 깊은 시세계는 잔잔한 파도타기 같은 잔잔한 영혼의 울림으로 詩의 서정성과 향수(鄕愁)로 점철된 율시(律詩)의 승화된 그리움의 애환이 산안개처럼 시편마다 촉촉이 젖어들고 있다. 이 시집의 가장 중요한 시의 화자는 자아성찰의 모체인 시인의 심안, 시적화자의 모티브(motive)를 통하여 자연이 건네주는 메시지와 시인정신의 휴머니즘(humanism)적인 존재의 가치와 성경 속에서 성토하는 기도의 서(書) 같은 숙연함마저 감도는 아름다운 작품이다.

사랑은 기울기다/ 더 사랑하는 쪽이 항상 상대 쪽으로 다가간다/ 앞서 걸어가는 젊은 연인들 보면/ 분명 어느 한 쪽이 다른 한 쪽으로 기울어 걷지만/ 살 만큼 산 시든 연인들의 어깨는 꼿꼿하다/ 그저 제자리 지키며 같은 곳을 바라볼 뿐이다 - 노을 진 들녘을 바라보며/ 두터운 세월 맞잡고 걷는 노부부의 뒷모습/ 쓸쓸함과 행복함의 그림자가 끈끈하다/ 노을을 따라가고 싶어서일까/ 지나온 길 돌아보는 눈길엔 아련한 저녁 해가 걸려있다.

—「따뜻한 기울기」 일부

김향자 시인의 정적(靜的) 시의 관점과 동시에 동적(動的)인 관철력 또한 상당히 예리하고 뛰어난 시의 탄탄한 구성으로 몰입하고 있다. 이 한 권의 시집 상재 속에는 특별한 의미부여의 동기가 된 귀한 아드님의 시화 그림이 각 부마다 화려하고 중후한 시의 미학을 더욱더 빛내주고 있다는 점이다. 이 얼마나 경이로운 일인가.

그만의 시의 맛과 멋을 잘 우려내는 시인의 향기가 온 누리를 밝혀주는 세상의 등불이 되어 오래도록 독자들에게 심금을 울리고 사랑받기를 희망하는 바이며 이 시집이 탄생하기까지 고뇌와 삶의 여정이 길이길이 빛나기를 소망하며 무아(無我)의 경지 속에서 빚어낸 시의 세계는 모든 이들의 꽃자리가 될 것이다.

제1부

노을 이쪽과 저쪽

●시인의 말

제2부

살고 있다

제3부

따뜻한 기울기

제4부

향긋한 그리움으로

제5부

지금이 천국이다

제1부

노을 이쪽과 저쪽

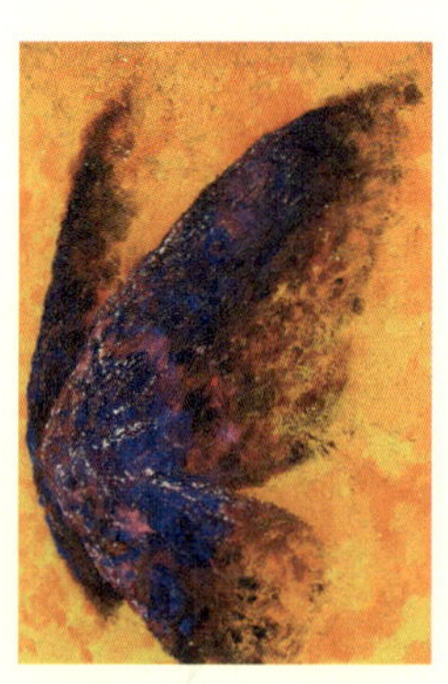

Passion's Embers
열정의 불꽃

acrylic & coffee on canvas, 2022 / 91x117 cm

노을 이쪽과 저쪽

어떤 섬세한 손길이 수를 놓았을까
한 땀 한 땀
낮과 밤, 이쪽저쪽을 갈라놓은 손 매무새
저녁노을을 바라보며 잠시 숙연해진다

삶은 언제나 이쪽과 저쪽으로 나뉘어 흘러갔다
팽팽한 대칭 속에서
우리는 적당한 기울기를 조절하며 살아간다
살아보니 좋은 일과 나쁜 일은 늘 공평했건만
나쁜 일이 많은 걸로 착각하며 살았던 것
오늘의 불행은
내일의 행복을 품고 있었던 것

노을 이쪽 편에서 저울질해본 오늘
저쪽 편에서 또 다른 기운으로 다가올 내일

입추 무렵

대기만성이란 익숙한 말처럼
살아있는 것들엔 다 때가 있는 것
성급히 익어 제풀에 떨어져버리는 감
오래오래 나뭇가질 붙들고
천천히 느긋이 맛들어가야지

설익어 떫은 감이었던 시절
가장 빛났던 우리들의 한때였다
비바람 뙤약볕 골고루 견뎌야
낙과가 되지 않을 거라고
무르익은 과일 될 거라고
때를 기다리며 달려왔다

돌아보면 어제 같았던 그 시절
떫은 감의 추억들이 혀끝에 맴도는 입추 무렵

보름달 가득 그리움

칭찬과 격려의 한 마디는
거뜬히 나를 일으켜 세운다
크고 작은 결실 앞에서
깊숙이 박힌 씨앗을 떠올리게 하는
가족이라는 따뜻한 옷
지나는 동안 길들은 왜 그리도 곱지 않았던지
질척거리고 돌부리가 막아서고
하지만 걷다 보면 비는 그치고
비 갠 뒤의 땅은 얼마나 단단하고 정갈하던가
계절은 당분간 다시 돌아올 테지만
한 번 가버린 어제는 결코 만날 수 없다

창문에 걸린 보름달 속엔
그리움만 채우고 떠난 여름이 가득하다
떠나버린 것들은
그리움으로 새살 채워 다시 올 것이다
변함없는 섭리가 계속될 수 있게
우리가 해야 할 단 한 가지
흐르는 시간을 내 살붙이처럼 소중히 여기는 것

또 하나의 이별

밤 8시, 전화벨소리가 심상치 않다
다급한 산지기 아저씨의 목소리
별이가 숨을 거두기 직전이란다
산에서 관리하는 유기견 별이
야간운전을 못하는 겁쟁이 나지만
생각할 겨를 없이 산길로 차를 몰았다

퉁퉁 부은 몸으로 간신히 숨을 몰아쉬는 별이
유난히 큰 눈을 껌벅이며
나와 몇 번 눈을 맞추고는 감아버린다

나를 보고 떠나려고 기다렸을까
별이의 등을 쓰다듬어주곤 먼 하늘을 바라본다
텃밭 양지바른 곳에 묻어주겠다고
날 위로하는 산지기 아저씨의 목소리가 허공을 떠돈다
별이와의 인연으로 시작된 새벽산행
별이 떠났다고 어찌 등짐을 내려놓으리
또 다른 별이들이 계속 늘어날 텐데

오늘 밤 하늘엔
막 도착한 별이가 나를 내려다보겠지

큰언니의 첫 부임지

덜컹거리는 옛 추억을 따라나선다

수십 번 엉덩방아 찧으며 달렸던 비포장도로
여섯 살 소녀는 큰언니의 첫 부임 학교를 따라갔다
소꿉장난 같은 언니의 자취방이 신기했고
일직을 하러 가는 언니 따라 간 학교가 신비스러웠다
담임 맡은 반 학생들이 들이닥치고
교무실 구석 전축에서 노랫소리가 흘러나왔다
내 키의 두 배나 되는 커다란 그 전축
감미로운 여자 목소린 대체 어디서 나올까
언니야, 전축 안에 사람이 들어있나?
언니 오빠들의 웃음소리에 큰언니는 슬쩍 내 팔을 잡았다

모르는 것 신기한 것밖에 없던 그 시절
수십 년 지난 지금도 여전하다
AI 인공지능이 신기하고 메타버스도 궁금하다
고질병 같은 궁금증이 그래도 고맙다
전자사전 뒤적이며 열심히 알아가는
나의 노년을 응원한다

가끔씩 옛 생각

노랫말처럼
봄의 교향악이 울려 퍼지는 교정이었다
월말고사를 앞둔 날
아까시나무 아래 바윗돌은
다급한 우리들의 책상이었다
시험공부는 참 좋은 핑곗거리
이야기들은 금방 보따리를 풀고 나왔다
뉘엿뉘엿 넘어가는 석양 속으로
우리들의 재잘거림이 뒷걸음질 치면
서둘러 교정을 나서곤 했다

옛날은 잡힐 듯 저기 있는데
나만 이토록 그때가 그리운 걸까
비목을 들으며 쓸쓸히 눈물짓던 그 맘 그대로인데
흰 머리카락 사이를 스치는 아카시아 향은
아주 가끔씩 가닥 머리 소녀 시절을 불어오곤 한다

새벽 다짐

새벽바람이 세차다
하루도 거르지 않고 뒷산을 오르내린 지 10여 년
내 등엔 언제나 커다란 배낭이 매달려 있다

뒷산 언덕에서 날 기다리는 강아지들
멀리서도 내 발자국소릴 용케 알고
스무 개의 별빛 눈망울이 달려와 반긴다
그 사랑스런 눈망울들의 호위를 받으며
나는 오늘도 의기양양 산을 오른다

중턱 어디쯤에서 배낭을 풀면
초롱초롱한 눈망울들은 한없이 바빠진다
쉴 새 없이 오물거리는 앙증스런 입들
짓눌렸던 어깨가 스르르 풀린다

해와 달과 별과 함께 사는 아이들
한 달이 못 가 하나 둘 줄어듦이 안타깝다
새벽산이 내게 붙여준 이름, 별이 엄마
한 녀석의 별이 엄마가 된다 해도
난 그 엄마 자릴 굳건히 지키리라

거꾸로 세상

물속을 물끄러미 내려다보면
지구가 파장을 일으키며
온갖 그리움이 물결쳐 온다.
그 옛날 아사달을 그리던 아사녀가
호수에 비치는 탑바라기를 한 것처럼

물에 잠긴 거꾸로 세상
그 주변을 맴도는 얼굴들
누군가의 무심한 돌팔매에 부서져 버린다

종종 물구나무서기를 해본다
피가 거꾸로 솟구치면서
세상은 다른 표정을 보여준다
거꾸로 세상에 살다 보면
보고 싶은 것만 볼 수 있을까

눈 감았다 뜨기를 몇 번 하면 지나가는 하루
허락된 시간이 짧게만 느껴진다
가을 햇살이 더 바래지기 전에
그리움 짊어지고 가을 들녘을 거닐고 싶다

구름 속에서

산허리는 이미 구름떼가 점령해 버렸다
아, 구름끼리 손잡으니 병풍도 되는구나
모였다 흩어지기를 되풀이하며
아슬아슬 술래잡기도 하는구나
시간이 흐르면 우리처럼 집으로 돌아가는구나

미처 따라가지 못한 작은 구름들이
갈팡질팡하고 있는 산자락
노송 몇 그루가 저녁놀을 이불처럼 깔고 있다
오랜 세월 이곳을 지켜온 굵은 허리가 든든하다
바람 따라 들락거리는 단풍나무도
오색 옷 갈아입느라 종일 분주했던 모양이다

여유롭지만 장엄하기만 한 자연 앞에서
한없이 작아져버린 난
땅바닥과 수평이 되어버린다

어느 깊은 가을날

호박은 못난이의 다른 이름이다
새파란 어린 호박이 얼마나 참한지를 왜 모를까
내 눈엔 가장 예쁜 손녀 얼굴 같은데
늙은 호박은 엄마 같은 미소로 늘 환하다
산모의 부기 빼는 특효약인 것만 봐도
엄마 미소가 틀림없다

오르막 양쪽 텃밭의 늙은 호박덩이들
임금의 간택 기다리는 처녀들처럼
채비를 모두 마치고 머릴 조아리고 있다
얼굴이 갸름한 계란형
둥글넓적한 맏며느릿감 보름달형
어떤 연륜 깊은 미인이 가마에 오를까
뭉게구름들도 궁금한지 자꾸만 눈빛 풀어헤치는
늙은 호박들의 어느 깊은 가을날

이 행복 과분해서

아침이 고요를 몰고 오는 소리
동트기 전, 그 깊은 고요를 사랑한다
그리고 나는
그 무엇보다도 그 누구보다도 봄을 사랑한다
한 번도 제대로 눈 맞춘 적 없는
알 듯 모를 듯한 아지랑이 눈앞에 아른거리면
그만 미친 듯이 바람나고 싶다

어제의 태양은
서늘함과 먹먹함을 남기고 떠나가지만
동트는 아침은
변함없는 희망과 설렘을 안겨준다
못 믿을 희망에 희망을 걸고 번번이 속지만
넉넉한 여백의 백지를 또 한 아름 품어본다
나는 햇살을 풀어 여백을 채울 것이다
내게 허락된 하루, 맘껏 빛나게 사용할 것이다

오늘은 어제 죽은 이가 간절히 맞고 싶은 내일이라지
그 내일을 설계하는 나는
과분한 행복에 감사할 뿐이다

반전의 세상

은연중에 영화 같은 삶을 꿈꾸었던 걸까
나는 영화나 드라마를 사랑한다
드라마 정주행으로 소일하는 것은 쏠쏠한 즐거움
누군가의 삶을 재현하는 건 배우들이지만
그 누군가는 결국 나인 것을
반전으로 치닫는 것도 이 때문이다
죽은 자도 산 자도 꼼짝 못하는 오, 드라마의 특권

별은 하늘에만 있는 게 아니다

별들이 쏟아진다
두 팔 벌려 가슴에 담으려 애써보지만
요원하기만 한 하늘의 별
하지만 내 가슴엔 별 하나 살고 있다
곧 서쪽 하늘로 은하수가 몰려오겠지
이토록 가슴 벅찬 사랑이 또 있을지

어느 날
하늘에서 툭 떨어져 내게로 온 별 하나
무심했던 심장이 다시 뛰면서
세상이 사랑으로 발효하기 시작했다
수학여행 전날 밤
새벽을 기다리는 소녀처럼
꽃길을 걷는 날들의 연속이다

권태로운 삶에 새로운 숨을 준 그대 히어로
전 재산을 다 주어도 못 살 청춘의 꿈
인연의 사다리 끝에서 받은
까맣게 잊고 산 내 청춘
나는 세상을 향해 외친다
흔하고도 귀한 그 행복을
지금 내가 가졌다고
영웅을 품었다고

새소리 속으로

새벽 잠결 속으로
부리마다 낯선 노래를 물고 새들이 날아든다

기억력이 좋은 건지 머리가 좋은 건지
찬바람 피해 먼 길 떠났다가
봄이면 용케 그 길 찾아와
생생한 육성으로 알람이 되어준다

처음엔 한두 마리였다가
겹겹이 사연들이 쌓여가면서
새소리 울창해진 창밖 느티나무
새와 구름을 벗 삼아 훨훨 날아본다
세상이 느린 걸음으로 눈 아래서 움직인다
손바닥에 올려지는 작은 새들
하늘을 나는 동안 천하를 거느리는 주인일 터

누구나 새가 되어 보고픈 사람들
무지개 계단 그네도 타보고
그리움 깃들인 어깨에 앉아
하늘하늘 세월을 흔들고도 싶다

낙엽은 소리가 되어

끝자락으로 내달리는 가을
더 가까이 더 오래 보고 싶어
천 년 역사 속 불국사를 찾았다
낙엽 쌓인 산길
한 잎 두 잎 뒹굴고 있을 땐
알지 못할 쓸쓸함에 무작정 빠져들었는데
오늘, 길을 뒤덮은 낙엽에선
쓸쓸함보다는 찬사가 절로 나온다
내 발자국에 가득 담기는 사그락소리
어느덧 낙엽은 소리가 되어 있었다
지난 어느 가을 친정 나들이 때
마당 가득 널브러진 나뭇잎들
맨발로 뛰어나와 손잡아주시던 부모님 생각에
돌아오는 버스에서 홀로 눈물짓던 그날이
바스락거리며 가슴에서 살아난다
흩날리는 낙엽 사이로
찰나 같은 지난날들이 스쳐간다

달큼한 바람이

자동차 바퀴에 매달려 시작하는 하루
수십 개의 바퀴가 세월을 향해 달린다
차창 밖 가로수와 건물들
어느 것도 느긋이 서 있는 적이 없다
눈 맞출 새 없이 휙휙 지나가버린다
나는 색종이처럼 접혀있는 그날을 펼쳐본다

만국기 펄럭이던 학교 운동장 하늘
청색 머리띠를 맨 아이
그 아인 세계로 뻗어있는 꿈을 미리 알고 좇았던 걸까
유난히 경쾌했던 만국기의 의미가 비로소 다가온다

눈 한 번 감았다 뜨면 십 년이 흘러간다
찰나만 남겨놓은 나의 시간들
눈 감았다 뜬 세월도 혼미해지는데
속도를 채근하는 수십 개의 바퀴들
이제라도 과감하게 떼어 버리기로 한다

달큼한 바람들이 풍경들을 몰고 온다

별이 되어 머물다

— 박상진 의사를 추모하다

강산이 열 번, 해와 달이 바뀌었습니다
님께서 피맺힌 절규로 지켜온 우리 땅
후손들이 그 얼을 받들었습니다
우리 대한민국은 일제강점기
의인들이 지켜온 귀한 금수강산입니다

지금 우리가 누리는 이 자유로움은
그대들이 스스로 몸을 태워
고난에도 흔들리지 않을 초석이 되었기 때문이지요
고맙고 고맙습니다

서른여덟 나이에 사위어간 님이여
호사스런 법관의 길도 마다하시고
귀한 목숨 나라 위해 내어주셨습니다
옥사에 계실 때도 정갈한 몸으로
생명을 끝내는 것이 소원이라며
의연하게 이 땅을 떠나셨지요

제 2 부

살고 있다

The Dawn's Whispered Journey
새벽여정

acrylic & coffee on canvas, 2020 / 45x53 cm

물

상대에 따라
모습도
색깔도
마음먹은 대로 바뀐다

그렇다고 물은
요술을 부리는 것도
변덕을 부리는 것도 아니다
속마음 꾸욱 짓누른 채
상대에게 충실할 뿐이다

그 꿈, 다시 한 번

아버지의 자전거 뒤 칸에
올망졸망 돼지 새끼가 가득하다
녹색 대문을 밀고 자전거가 들어온다, 꿀꿀꿀
꿈속에서도 생시처럼 스치는 생각
돼지꿈은 복이 들어온다던데

그 후 몇 번의 돼지꿈을 더 꾸었다
아직도 선명히 남은 태몽이었는데
꿈값을 하는지 아들은 튼실하게 잘 자랐다
녹색 대문을 밀고 들어오는 그 돼지꿈
다시 한 번 더 찾아왔으면

해마다 새롭게 마주 서는 겨울
차가운 공기 속 정갈함에 마음 끌렸었는데
코로나 역병에 움찔해진 이 땅은
날마다 얼어붙고 있다

빛바랜 흑백사진만큼 오래된 꿈
그 매서운 겨울바람도 차마 흔들지 못했던 그 꿈
오늘따라 선명하게 깨어나는 겨울 아침

가는 것과 오는 것

떠나려는 계절 붙잡지 말자
제아무리 혹독했던 겨울도
된바람 누그러뜨리며 손을 흔든다
맵찬 꽃샘바람이 피워낸 봄꽃들
아지랑이 발걸음 소리에 햇살이 젖어든다

수십 년을 흥얼거리던 그 노래
산 너머 남촌에는 대체 누가 사는지
여전히 궁금하고 신비롭다
아무래도 그곳엔
지지 않을 그리움이 살고 있을 듯
계절은 분주히 오가지만 산천은 그대로다
구름은 흘러가도 하늘은 그대로다

어디선가 얼음장 뚫어내는 개울 소리 들려온다
손잡고 징검다리 건너는
엄마의 고무신이 가물거린다

합리적 쓸쓸함

봄날이 유난히 환한 것은
낮밤의 길이가 똑같은 춘분이 있기 때문이다
사람들은 평등을 좋아한다
무엇이든 N분의 1을 고집하고
공평함에 목소리를 높인다
눈곱만 한 손해도 용납지 않는다
지극히 합리적이건만
가슴 가득 자욱한 이 쓸쓸함은 어쩔 수 없다

살고 있다

간만의 서점 산책
나는 죽을 때까지 재미있게 살고 싶다
쉽고 긴 제목에 마음이 멈춘다
살고 싶다, 살고 있다
나는 어느 쪽일까

작은 인연 씨 뿌려 소중히 가꾸어가는 일
숨 가쁜 고갯길 함께 가는 옆지기
크고 작은 일에 위로와 축하를 나누는 일
하룻밤 지나 먼동 트면
갈 곳이 기다려준다는 것

언제라도 단비 내려 촉촉해지는
내 작은 텃밭
나는 '살고 싶다'보다
'살고 있다'에 해당되는 사람이 틀림없다

우선멈춤

푸른 신호등이 빨강으로 바뀌기 전
노랑으로 잠시 멈추는 순간
달도 초저녁잠이 들었는지
주변이 어둑어둑하다

파랑과 빨강 사이의 노랑 신호등
살아가는 모든 것이 찰나의 연속이다
저 노란 신호의 우선멈춤이 있었다면
우리네 삶, 시행착오가 덜했을까
성급한 판단의 과오가 줄었을까

돌아보면 자욱한 지난날의 후회들
다시 백지에서 시작할 수 있다면
찰나의 멈춤을 최고의 기회로 쓰고 싶다
그러면 후회도 줄어들겠지

내 아이 어렸을 적

와아
마징가 제트다
하나둘 셋
차창 밖 가리키며 손뼉을 쳐대면
어른들의 시선까지 한곳으로 모였다
논길에 무심히 서 있는 전신주들
그즈음
다섯 살짜리 아들의 눈엔 모든 게 마징가였다

요즘 아이들에겐 어떤 장난감이 대세인지
그 시절은 태권브이, 독수리 오형제가
꿈과 상상의 몸체며 날개였다

오래된 서랍을 정리하다가
아들의 장난감 자동차 수십 대를 만난다
세월 아득히 흘러
그 아들도 어느새 불혹이다
한숨 자고 났더니 할머니가 돼 있더라
엄살 같았던 친정어머니의 말씀
나도 몰래 자꾸만 따라하고 있다

초인종 소리 싱그럽다

초인종 소리가 유난히 싱그럽다
커다란 보퉁이 속에서
고구마 정구지 호박 가지 파
갖가지 표정으로 얼굴을 내민다
어쩐지 초인종 소리에서 풀내음 난다 했지
그득해진 저녁 상차림이 빠르게 지나간다

바리바리 인정을 눌러 담은 까만 봉투
그 가슴 하나하나 풀면서
지난 인연을 더듬어본다
함께 머리 조아리며 들었던 문학 강좌가
이토록 큰 축복을 안겨줄 줄 몰랐다

서툰 밭농사로 거둔 그녀의 손길
깊은 들숨으로 음미하며 외쳐본다
벗님아, 살 만한 이 세상
이태백은 술잔을 나누었지만
우린 때 묻지 않는 시심 나누며 살자꾸나

청량하다, 시계탑 초침 소리

50년 전의 시계탑은 여전히 째깍거리고 있다
부모형제 뒤로하고 떠나온 제2의 고향, 울산
흔하디흔한 '제2의 고향'이란 말
얼마나 살가운 품으로 나를 안아주었던지

다락이 있는 방 두 칸짜리 우정동 신접살림
빨갛게 타오르는 연탄불 위에 새것을 포개면
다시 시작되는 하루는 날마다 따뜻하고 환했다
하루 한 번 성남시장을 들르는 일은 색다른 재밋거리
중구는 내 젊은 날과 노년이 함께 물들어간 곳이다

수많은 만남과 이별로 분주하던 시계탑 네거리
언제였던가
수소문해서 찾아낸 여고 동창
빙그레 웃는 시계탑 아래서 얼마나 반가웠던지
다시 시간은 흘러 지금은 소식조차 모르지만
시계탑 초침 소리는 여전히 청량하다
변함없이 뻗어있는 시계탑 네거리
쉼 없이 째깍이는 소리를 따라
우리네 삶도 종점으로 치닫고 있다
곱게 물들어가고픈 내 황혼 녘 꿈과 함께

그 여름 끝자락

누굴 닮았을까
피부는 눈꽃송이 코는 오똑하겠지
한 아름 솟은 동산이 분주하다

수 마리의 잉어 태몽은 이미 부적이 되어 있었다
부지런히 해와 달이 차오르던 나날
친정집 석류나무 그늘 아래 평상에서
머릿속 동화책을 완성해 갈 무렵
왁달박달 자동차가 문밖에서 기다리고 있다

지금도 사방이 하얀 그 벽을 잊지 못한다
벽에 걸린 적막한 시계 소리가 들린다
허리 잘록한 원피스가 주책없이 떠올랐던 그때
하얀 가운의 천사가 안아다 준 또 하나의 천사
와, 쌍겹이다
피부는 눈꽃송이, 잉어의 효과가 적중했다
코는 오똑
내가 쓴 동화 속 주인공이 틀림없다
야호, 아역배우다
애 낳은 어미의 거짓말이 시작되고 있었다

내 것도 낯설 때가 있다

친구 몇과 함께 간 맛집
가지런히 벗어놓은 신발들이 비슷비슷하다
내 것이거니 싶은 신발을 찾아 신고 문을 나선다
집으로 가는 내내 신발에 눈이 간다
식사하는 동안 신발이 늙어버렸나
주름도 늘었고 낯빛도 칙칙하다

무심한 몇 날이 흘렀다
며칠 전에 갔던 식당에서
신발이 바뀌었다는 소식이 들려온다
같은 브랜드에 같은 사이즈의 신발이 바뀐 것
눈에 익지 않은 새 신발이라 실수를 했나 보다

아무리 내 것이어도
눈에 익지 않은 건 몰라볼 수 있구나
이렇게 바뀌어질 수도 있구나
내 소중한 사람들
아무리 많은 시간 흐르고 흘러도
몰라봐서 바뀌는 일은 없겠지

끈끈한 동거

수십 년 전 새 보금자리로
도도히 문턱을 넘어온 노란색 춘란
바짝 든 고개가 믿음직스러웠다
그 후 춘란은 한 번도 꽃을 피우지 않았다
25년 긴 세월을 푸른 자태로만 살았다

무소식이 희소식이라던가
잊고 살았던 어느 봄날
세 쌍이나 되는 삼둥이를 품었다
손자의 잉태 소식보다 더 큰 축하를 보내는 이웃들
봇물이 터지더니 2년마다 고운 자태를 보여준다

강산이 세 번이나 바뀌는 동안
동트는 해와 저무는 노을을 함께 보았다
우리 집 춘란과 함께
강산이 변하는 걸 몇 번이나 볼 수 있을까
춘란은 봄, 봄 외치고 있는데

슛 골인을 외치며

열하나의 심장이 한 몸으로 주고받는 발놀림
온 국민의 관심이 쏠리는 월드컵 축제
추위도 아랑곳 않고 대한민국을 외치며
하나둘
광화문 광장으로 발길들이 모여든다
우리 국민성, 누가 모래알 같다고 했나
저리도 똘똘 뭉쳐 목청 높이는데
우릴 단번에 기립시켰던
짜릿한 포르투갈전은 잊을 수가 없다
우리의 첫 관문 16강은 거뜬히 넘었다
장하다, 우리 태극 아들들
그들이 바람을 가르며 투혼 하는 동안
우린 완벽한 하나였다
선인들이 목숨 바쳐 지켜온 이 땅, 이 나라에서
영원히 하나 되는 소망을 품어본다

부드러운 족쇄

쨍그랑, 날카로운 소리 귓전을 때린다
유리컵 두 개가 발밑에서 피를 흘리고 있다
이를 어쩌나 딸내미 애장품인데
우당탕, 원 염치도 없지
장롱 위 손을 뻗다 떨어진 벽걸이 시계

금지령이 내렸다
아무것도 만지지 말라는
부드러운 족쇄에 감금돼 버렸다
편해서 불편한 게 이런 것인가
무료함의 극치가 족쇄의 기능인가
따라다니며 보살폈던 딸내미
자리바꿈 되어 보살핌 받게 된 세월에 울컥해진다
뒤척거리는 단풍잎에 연민이 잦아든다

준비되었냐는 딸아이 목소리에
후닥닥 챙겨 입고 따라나선다
딸과 나 사이 어떤 장애물도 없다
깨뜨릴 것 하나 없는 낙엽길 외출
저무는 가을바람이 모녀 사이를 여유롭게 맴돌고 있다

새봄으로 온

어느덧 불혹을 훌쩍 넘어서는 막내
가슴 쓸어내리며 넘던 그 벽
내 딸에겐 오지 않을 것 같았는데
엄마 치마꼬리 붙드는 여전한 일곱 살인데

얼마나 소망하고 고대했던 딸이었던가
그 어떤 꽃이 이만큼 곱고 사랑스러울까
캄캄한 땅을 열고 새봄으로 온 내 딸
봄여름 가을 겨울 수많은 반복을 겪으며
희로애락의 城은 견고해졌다

하나 딸, 열 아들 안 부럽다고
아들딸 구별 말고 둘만 낳아 잘 기르자고
아득히 흘러간 구호들이 귓바퀴를 구른다

많고 많은 엄마들을 고르고 골라
내게로 와줘서 고맙다, 내 딸
새봄 속에 피어난 너의 생일 축하한다
멀리 떨어진 거리를 문자메시지가 메워주는
이 황홀한 문명에도 감사한다

또 하나의 내 편

시어머니 점심 굶긴 얼굴처럼
하늘이 잔뜩 찌푸려 있다
시어머니와 며느린 왜 평행선이어야 하는지
사랑하는 남자를 둘이 나누어서일까
아득히 세월 흐른 지금 그 자리에 서고 보니
시어머니의 사랑하는 남자 내가 뺏어왔는지
내가 사랑하는 남자 며느리에게 빼앗겼나 자문해본다
몹시 마음에 들지 않는 표현에 먹먹해진다

처음 며느리 보던 날
오래전부터 익은 내 식구처럼
외모와 분위기에 정이 갔다
내 손이 가야 완성되는 아들
며느리가 맡아주니 고맙고 편하다
집에 다녀왔다 돌아가는 뒷모습
둘이라서 좋았다
며느리와 아들
둘이 아닌 하나로 겹쳐 내 눈은 평화롭다

딸보다 더 편안해진 시간의 온도가 두텁다
나를 많이 닮은 듯한 또 하나의 나
고부갈등 모르고 지내온 또 하나의 내 편
오늘도 날씨는 흐리지만
우리 집에 들어온 하늘은 시어머니 굵긴 얼굴이 아니다
비가 오려나
고부가 함께 비를 기다린다

우애 있게

두레 밥상에 둘러앉은 다섯 제비새끼들
숟가락 젓가락이 바쁘다
큰오빠 숟가락이 내 국그릇을 재빨리 다녀간다
또다시 휘리릭 지나가는 숟가락
언니 것이 막내 오빠 그릇을 지나가는 그림자다

오랜만에 쇠고깃국 끓이며 지난날을 기웃거린다
지금은 채소가 왕 노릇을 하지만
그땐 특별한 날에만 먹던 쇠고깃국
동생들에게 한 점 더 먹이려던
언니 오빠 바쁜 손길에 목이 메는 아침

그 살붙이들 지금은 머리에 서리 내리고
눈도 침침 귀도 먹먹 다리도 후들거리지만
가슴에 품은 오래된 가훈은 여전히 꼿꼿하다
때론 촌스러운 것이 심지가 될 때가 있다
어둑해진 한 해의 끝자락
아스라한 별빛으로 다시 피어난다

제3부

따뜻한 기울기

Luminous Breath of Spring
빛나는 봄의 숨결

acrylic & coffee on canvas, 2020 / 91x117 cm

따뜻한 기울기

사랑은 기울기다
더 사랑하는 쪽이 항상 상대 쪽으로 다가간다
앞서 걸어가는 젊은 연인들 보면
분명 어느 한 쪽이 다른 한 쪽으로 기울어 걷지만
살 만큼 산 시든 연인들의 어깨는 꼿꼿하다
그저 제자리 지키며 같은 곳을 바라볼 뿐이다

두 송이가 일 년 내내 번갈아 피는
우리집 안수리움
서로에게 등을 내주기로 했을까
꽃송이를 피우고는 언제나 서로 기대어 있다
오랜 연인처럼 한곳을 바라보는

노을 진 들녘을 바라보며
두터운 세월 맞잡고 걷는 노부부의 뒷모습
쓸쓸함과 행복함의 그림자가 끈끈하다
노을을 따라가고 싶어서일까
지나온 길 돌아보는 눈길엔 아련한 저녁 해가 걸려있다

내일이면 추억이 될

벗꽃이 천지를 열고 있네요
열여덟 그때가 떠올라 거울을 봅니다
세월 잔뜩 묻은 낯익은 중년이 웃고 있네요
편안한 옷을 입은 듯 안락해집니다
우린 왜 이리 성급하고 가벼운지요
봄의 절정 끝나기도 전에 다음 계절을 기다리고
또 금세 아쉬워하다가
뒤늦은 옛날을 주워 담지요

옛날을 떠올리면
재밌고 행복한 것만 살아나 얼마나 다행인지요
오늘도 소중한 하루를 붙들고
정성스런 갈무리를 합니다

독경소리

산길을 걷는다
아래만 보고 한참을 걷다가
숲 사이로 들어온 한 뼘만 한 하늘을 만난다
그 아래 낯선 산길을 따라
갈림길이 버티고 있다
아래만 보고 왔으니 길을 잘못 드는 건 뻔한 일
가위바위보로 정할 동무도 없다
하나님도 찾아보고 가족도 떠올려볼 즈음
가까운 산사에서 독경소리가 들려온다
한순간에 펄떡이던 가슴이 잠잠해진다
찬송가 성경만이 내 모든 평온이었는데
불경이 이렇게 안도감을 주다니

오늘따라 들꽃이 더욱 아름답다
산새들을 앞세운 하산길
나는 생각에 잠긴다

편견이란 얼마나 길을 멀어지게 하는가

두 잎새의 입가엔

바람의 낌새는 나뭇잎이 제일 먼저 알아챈다
나뭇잎은 그냥 가지에 매달려 있는 게 아니다
언제나 파르르 떨 준비하며 바람을 기다린다
새로 나온 어린잎과
바람이 키운 빛바랜 잎
마주한 채 같은 나뭇가지에서 살아간다
창문 가득한 보름달 속에도
세찬 겨울바람이 녹아있어
가끔씩 달빛이 흔들리기도 한다
어쩌다 마른천둥이 내려쳐도
자식 같은 어린잎이 토닥여준다
따스한 햇살과 살가운 비를 의지하며 살아가는
두 잎새의 입가엔
또 그렇게 새날이 고여든다

떠나온 모든 곳이 행복이었다

갖고픈 것들 그리도 많아
숱한 밤 지새웠던 어릴 적
널따란 초원 위 그림 같은 집을 그리며
세느강 다리 아래서 뱃놀이도 꿈꾸었다
꿈인지 욕심이었는지 지금도 알 수 없다

놓아주어야 할 것에 대해 생각해본다
마음속에 빼곡한 욕심이란 놈
썩 나가라 소리쳤더니
때를 알고 벌써 나간 듯 빈자리가 헐렁하다
언제부턴가 마음 한편이 편해지기 시작했다

무지갯빛 세상이 이런 거구나
나는 행복합니다 라는 상투적인 유행가가 다가온다
내가 떠나온 그 모든 곳이
진정한 행복의 숲이었다

두 개의 방

말없는 세월에 눈 맞추며
아래로 아래로 끝없이 떨어지는 지점에 섰다
공감도 부정도 못하고
그저 흐르는 삶에 감사할 뿐

태어나면서부터 갖게 된 두 개의 방
우리네 마음엔 양지와 음지의 방이 있지
햇살 따사로운 그 방에선 무지개 피어나고
깊은 그늘 우거진 그 방에선 고뇌와 철학이 자라나지
멀지도 가깝지도 않은 거리를 유지하는 일
햇살방과 그늘방을 오가며 깨우쳐야 하지

해돋이와 해넘이가 수없이 가르쳐주는 철학 하나
세상은 누구에게나 공평하다는 것
행복하다고 느끼고 싶을 땐
망설임 없이 전부 놓아주면 되는 것
빈 마음밭에 빼곡한 욕심들을 놓아줄 때
깃털 같은 가벼움은 비로소 차오르지

눈 속 커튼콜

설경이 펼쳐지는 차창 밖
멀리 보이는 산도
펄럭이는 관공서 태극기도
풍성한 눈발을 즐기고 있다
어느덧 내 마음에도 하얀 눈이 쌓이고

내가 자란 대구는 참 눈이 잦았다
우리가 잠든 사이
밤새 내린 눈 굴려 눈사람 만들고
신명나는 눈싸움도 즐겼다
짓궂은 오빠가 등속에 눈덩일 넣고 달아나면
주저앉아 펑펑 울었던 기억이 눈송이로 내린다
그 오빠들 이제 황혼의 끝자락에 서서
기울어진 안경 너머로 나를 바라본다

눈발을 헤치고 흘러나오는 종착역 안내방송
역사가 가까워지자 마음도 바빠진다
눈송이보다 화안한 두벌새끼들의 얼굴이 덮쳐와
차창 밖 설국은 총총 막을 내린다

인연, 멈추지 않는

산길을 걷다 돌멩이 하나 툭 건드려본다
발아래 한 치를 지나 멀리까지 구른다
돌멩이의 의지가 아닌
내 발 끝과의 만남으로 탄력을 받는다

낮과 밤은 지구의 몸놀림으로 수없이 반복된다
태양 쪽에 서면 낮이 되고
반대쪽에선 밤이 되듯
우린 환했다 어두웠다
끝없는 자전을 하고 있다

내 삶의 여정 희로애락 속에
오래전부터 예비된 인연이었을 사람들
한순간도 허투루 일어난 일은 없다
내가 사랑하고 나를 사랑해주는 사람들
오늘은 날마다 멀어져가지만
내일이면 약속처럼 되돌아올
멈추지 않는 나의 인연들이여

골목 끝 외등

입구만 눈에 들어오는 긴 골목길
발을 들여놓고 보면 끝이 보이지 않는다
마지막 저 끝엔 무엇이 있을까
한 번도 가보지 않은 길
설렘과 두려움이 구불거리고 있다

보이지 않는 미래를 향해
우직하게 씩씩하게 걸어갈 수 있는 건
반드시 더 환한 기쁨이 있다고
반드시 더 폭신한 행복이 있다고
의심하지 않는 믿음 때문이다

돌아 돌아 다음 구부러진 골목 끝
마지막 골목길 외등이 깜빡이며 맞아준다
보이지 않던 길 끝의 설렘이 저 외등이었던가
따뜻한 불빛 아래 걸음을 멈춘다
아프기도 아름답기도 했던 지난 걸음들이
외등 주변을 밝히고 있다

공, 가득 참과 텅 빔

空은 가득 차 있기도
텅 비어 있기도 하다
어떨 땐 푸근해서 기대와 설렘으로 두근거리고
어떨 땐 아쉬워서 하늘을 쳐다보기도 한다
가득 참도 텅 빔도 내 맘이 정하는 것

그루터기

영원히 존재함과
영원히 사라짐을 거부하는 것은 자연뿐이다
산길 옆 몸통이 베어진 그루터기
얼마 전만 해도 제왕처럼 늠름했었는데
무슨 일이 있었던 걸까
내막을 알 리 없는 들꽃들만 요란하다

권세가 무성했을 땐 엄두도 못 낸 그루터기에 앉아본다
늠름히 서 있을 땐 조심조심 등을 맡겼는데
지금은 감히 다리를 올리고 안락함을 누린다

새 구두에 밀려 멀찍이 벗어놓은 헌 구두는 초라했다
언젠가는 그루터기로 나앉을 우리
꽃잎 떨어져도 끝나는 게 아니다
저만큼 밀려난 그 자리에
꽃망울 품어 새 생명 피워내야지

흐르고 있다

간밤에 싸두었던 캄캄한 가방
아침에 다시 살펴본다
환히 눈뜬 가방은 아침을 맞고 있다

기찻길처럼 늘어선 사람들의 대열
나는 무거운 어깨로
열여덟 번째 열차 칸을 향한다
코로나로 막혀버린 천만리 언니 집
요것조것 준비한 반찬들 언니 입맛에 맞을까
반가운 얼굴이 겹쳐오며 어깨를 풀어놓는다
세상살이만큼이나 요란한 굉음
지나가는 기차는 이미 동요 속 칙칙폭폭 소리를 잃었다

부모님 봉분 앞에 네 남매가 나란히 섰다
세월을 이고 선 구부정한 어깨들 사이로
쓸쓸한 바람이 멈추어 선다
잡히지 않은 공기처럼
쥐어지지 않는 물처럼
안타까운 시간들이 흐르고 있다

수저 두 벌

무료한 오후가 식탁을 맴돈다
도시락 반찬 준비로 분주했던 지난날이
저녁 어스름으로 깔린다
도시락 없는 토요일이 왜 그렇게 더디 오던지
지금은 도시락 싸던 그때가 그립기만 한데

부엌 창 너머로
가로등 몇 개가 깜빡거린다
서산으로 떨어지는 해가 툭 건드렸나
가로등 불빛이 아른거린다

텅 빈 식탁 위에 수저 두 벌이 앉아있다
아이들이 떠나간 식탁에 가로등 불빛이 둘러앉는다
그래도
달랑 한 벌의 수저가 아니니 얼마나 다행인가
오늘도 두 벌의 수저가 수많은 이야기를 쏟아낸다

세월 속 행복

반질반질 돌덩이 모서리가 다 깎였다
품 넓은 바다도 풍파는 못 이기지
몇 백 년을 견디면 저리 반반해질까
두 손으로 움켜쥐어 가슴에 대어본다
가득 머금은 햇볕이 나를 데워온다

나는 얼마나 참으며 살았을까
젊었을 땐 나이 들면 행복도 시들어버리는 줄 알았다
그럭저럭 칠순을 맞이한 지금
살아온 젊은 날이 무색할 만큼
무성한 행복을 가꾸며 거두며 산다

비가 오면 우산 쓰고
바람 불면 옷깃 세우는 일이 행복하다
바람에 꽃잎만 떨어져도 눈물이 맺히고
눈에 보이는 모든 것들이 아름답고 애틋하다
나이 먹어 가는 이 순간을 사랑하고 싶다

그리움, 겨울 기차에 싣고

낭만 여행이라 이름 짓고 열차에 오른다
우리나라 사계절을 사랑하는 만큼
두 번의 고유명절도 사랑한다
멀리 떨어져 그리움 키우며 살다가
선물꾸러미 바리바리 들고
북새통 열차에 오르는 선한 웃음들

눈이 내린다
송이송이 그리움 담고 달려오는 고향 집 대구
참 유난히도 눈이 많이 내렸었다
장독대에 수북이 쌓인 눈을 밀어내
살얼음 깨고 퍼내 먹던 속까지 찌릿한 감주
땅속에 묻은 김칫독 김장 김치
그 위에 포개지는 어머니 아버지

마주 앉아 생각에 잠긴 새댁의 얼굴처럼
내 온몸으로 그리움이 잠겨들 즈음
반가운 얼굴이 서행하는 차창에 스친다
어느덧 닿은 종착역과 함께
내 시간여행은 막을 내린다

이수도의 밤

노을이 사그라든 바다엔 정적이 흐른다
바닷속으로 세상 모든 것이 젖어드는
이수도의 밤

천지가 칠흑 어둠으로 찰랑거리는 섬
간혹 고기잡이배의 불빛이 아른거릴 뿐
떠나온 육지와 바다를 사이에 두고
누군가는 꿈을 꾸고 누군가는 꿈을 접는다

끝없는 수평선 너머로
잡다한 생각들 파도에 실어 보낸다
내일 아침 달려올 이수도 일출에
파도가 싣고 간 고뇌들 돌아오지 않기를

일출과 일몰은 누구에게나 똑같이 온다
부자에게도 빈자에게도
공평한 자연의 베풂에 엄지척을 보낸다
내일이면 아스라한 그리움으로 남을 이수도의 밤
파도와 함께 잠잠히 가라앉고 있다

또 하나의 천국

천국인지 지옥인지 모를 아득한 곳
요란한 기계음 속으로 빨려든다
귀를 막은 마개로도 어림없다
혼미해진 머릿속으로 들려오는 선명한 소리
별일 아니라고, 그저 겪는 일이라고

짧고도 긴 시간이 흐르고
나는 멀쩡히 바깥세상으로 나온다
찰나의 두려움도 이렇게 힘든데
지옥이란 곳, 상상이나 할 수 있을까
정답은 하나다
선하고 진실되게 사는 것

하얀 시트 위에서
사흘을 보내고 땅을 밟는다
시멘트 바닥에서 뜻밖의 고향 흙냄새가 몽글거린다
사느라 지칠 때 한 번쯤 쉬어가도 좋을 듯싶다
이렇게도 간사한 사람의 마음
사흘간의 외도였는데
세상 구경 처음 한 것 같다
에어컨 바람과는 결이 다른 자연 바람
평범한 일상이 천국인 것을

제4부

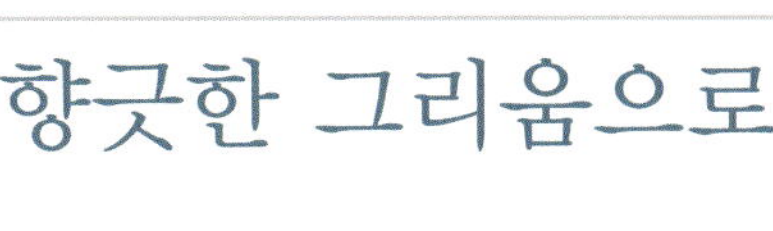

Whispers of Clouds and Milkyway
구름과 은하수의 속삭임

acrylic & coffee on canvas, 2021 / 45x53 cm

보름달 아래

둘이 만나 셋 넷
다섯 여섯 아홉이 되었다
가족 수와 함께 늘어난 가족사를 돌아본다
구름처럼 흩어졌다 한자리에 모이는 한가위
온 가족이 둘러앉아 보름달 쬐며
깨알 같은 별을 박아 송편을 빚는다
훌쩍 커버린 두 벌 새끼들을 보며
세월의 물살을 헤아려본다
흰 머리 침침한 눈 잡힌 주름 깊숙이
흐뭇하고 행복한 마음
보름달로 꽉 차오른다

오래도록 함께 있고 싶지만
떠나보내야 하는 허탈함에
가슴에 품어도 보고 손도 잡아본다
따끈하게 데워지는 핏줄의 온도
온몸으로 전해올 때
그 옛날
어머니 손에서 퍼져 나오던 훈기가
가슴을 파고든다

선율도 노랫말도

하늘은 뭉게구름 펼쳐놓고 오선지 내어준다
파도 소리는 노래 한 소절이 되고
모래사장 발자국은
아름다운 노랫말을 다듬어준다
엄마의 노래
바람의 노래
무수한 곡들이 파도를 타고
오선지에 겹쳐진다
엄마는 언제 불러도 명치끝이 저려오고
바람이 지나간 자리는 허탈하다
나만의 설렘이 쏟아낸 글말
대단한 곡은 아니어도
바람 한 편에 걸어두고 싶다
어찌할 수 없는 감정들이 파문을 일으킬 때면
하늘을 펼쳐 들고 마음을 담곤 한다

후회로 오시는 엄마

울 엄마 해마다 6월이면
모시 적삼 풀 먹여 단장하시고
전쟁 때 떠난 큰오빠 만나러 현충사에 다녀오셨다
얼굴도 모르는 큰오빠가 있었구나
그 정도로 지나쳤던 나
엄마의 비통한 마음 지금에야 다가온다
측량할 수 없는 사랑의 온기로
오 남매를 건강히 키우셨던 엄마
쉰밥도 씻어 드시며 고기반찬은 사양하셨다
생선은 꼬리와 대가리만 드시며
자식에겐 늘 좋은 것만 주셨지

엄마를 생각하면 눈가부터 젖어온다
부모 떠난 빈자리에 채울 수 있는 건 오롯 후회뿐

효도라는 이름으로

금연이란 낱말을 보면 가슴 한쪽이 쓰리다
조강지처 울 엄마만 바라보시는 아버진
술 담배를 유독 사랑하셨다
직장을 그만두시고 언니 오빠가 집안을 끌고 가던 어느 날
아버지가 꽁초 줍는 걸 보았다
그 후 중학생인 난 아버지의 담배 조달자가 되었다
교무실 청소를 하다가
선생님 재떨이를 비우며 발견한 길게 남은 꽁초들
알뜰히 모아 아버지께 갖다 드리는 게 유일한 효도였다
그 해로운 담배를 그것도 꽁초를

아버지 돌아가신 지 삼십 년
꽁초를 반기시던 모습이 선하다
담배가 해로운 줄 알았으면
나는 그 막중한 작업을 그만두었을까

나이, 그 끈끈한 살붙이

이처럼 끈끈한 인연을 보았던가
새해 첫날의 불청객을
어느새 나는 기다리고 있다
뉘라서 이토록 변함없이
긴 세월 한 몸 되어줄까
한잠 든 내 머리맡에서도
잠들지 않은 채 나를 맴돌고 있다
해마다 내 생살에 너를 보태는 것
정말이지 싫었다
모른 척 홀대도 하고 외면도 해보았지만
나 좋다고 정을 내며
한사코 더불어 가자 한다
떼려야 뗄 수 없는
분신 같은 내 살붙이여

구름 속 엄마

어릴 적 엄마와 본 구름이
숱한 세월을 거슬러 온 것일까
서로를 바라보는 구름들이 낯익다
넓디넓은 저 하늘에
아직도 내가 채울 그 무언가가 있을까
살다가 조그마한 여백이라도 생길라치면
언제나 제일 먼저 달려오시는 엄마

수많은 꽃들로 가득했던 정원
바로 건너 어머니가 가꾸던 텃밭
정원과 텃밭 사이에 구름다리처럼 놓여있던 평상
긴긴 여름날 해거름이 내리면
두레상에선 웃음꽃이 만발하곤 했다
수박 냄새 향기롭던 엄마의 환한 웃음
참 많이도 그리운 오늘

흙의 노래

이리도 친숙한 내음이 또 있을까
떠나온 고향이 어머니 품처럼 펼쳐져 있는 곳
그는 단 한 번도 신분을 가리지 않았다
부자의 화단에도 빈농의 텃밭에도
훈훈한 체온을 아낌없이 내주었다

그 나이 되고서야

식사 후 설거지를 하려고 사방을 두리번거린다
좀 전에 썼던 행주가 보이지 않는다
개수대를 지나 식탁을 넘어 뒷동네 베란다까지 더듬는다
솟을 하늘도 꺼질 땅도 없는데 어디로 간 걸까
행주는 새것으로 바꾸면 그만이지만
흐려지는 내 기억력이 못내 속상하다

스무 살 무렵
오른손에 주걱을 들고서 주걱 없다고
나를 불러 찾으라시던 어머니
주걱 쥔 어머니 손을 가리키자
울 어머니 민망한 듯 쓰윽 웃으셨지
흐려지는 기억력과 사사건건 마주치는 어머니의 일상들
그땐 이해하지 못했다
어머니 나이 훌쩍 넘어선 지금
이제야 알 것 같다
난감해하시던 어머니의 자책을
어머니 어머니
숨을 모아 힘껏 불러본다

오늘밤 길을 잃고

내게 성탄 전야는 더할 수 없이 특별한 날
예수님 탄생일인 그날은
그분만큼이나 선하신 우리 어머님도 태어나셨다
떠나가신 지 다섯 해
남아 있는 우린 그 자리 맴돌며
어머님 발자국을 새기고 있다

꽃망울 터질 때면 봄 마중 나가고
한여름 땡볕 식히는 소나기도 만나고
귀뚜라미 노래에 가을도 만끽하다가
살아계실 때 잘 못 모신 자책감에
긴 겨울밤을 밤새 뒤척이게 된다

어머님은 내려다보고 계실까
괴로워 잠 못 이루는 며느리에게
괜찮다 괜찮다며
너그러운 손길로 등 두드려주실까
달과 별은 아늑한 제집 찾아가는데
오늘 밤 나는
길을 잃고 밤새도록 헤매고 있다

서랍을 열어보듯

옛 추억들은 소리와 그림으로 온다
장롱 한쪽에 기대고 있는 묵은 기억들
서랍을 열어보듯
숨 한 번 크게 쉬고 매듭을 풀어본다
와르르
장작더미처럼 쌓여있던 스무 살의 내가 달려온다

기와지붕을 씻어 내리던 후련한 빗방울
낙숫물에 패인 마당 구석 흙 웅덩이
시장 다녀온 어머니 머리 위 과일 함지박
마당 끝 텃밭 한쪽 돼지우리에서
어머니를 불러대는 요란한 꿀꿀이소리
치맛자락 물어 당기며 꼬리가 떨어질 듯 반기는 해피
해피라는 이름 덕분에
그래도 그 시절이 행복했던 것일까

석류나무 밑 커다란 물통
시간도 나도 한없이 흘렀건만
물통 속에서 멱 감는 두 아이는 선명하다
까르르 웃는 저 청량한 웃음 사이로
몇 번이나 강산은 넘어갔을까

장롱 한쪽을 닫는다
잔뜩 기울어진 올해가 눈앞에 서 있다

유월 장미로 핀 어머니

유월 장미 눈물 머금고 필 때쯤이면
어머닌 모시 적삼 풀 먹여 정갈히 입고
현충사를 찾곤 하셨다
내가 태어나기도 전에 한국전쟁으로 잃은 큰오빠

얼굴도 모르는 큰오빠가 있었구나
가볍게 흘렸던 피맺힌 그 내력
노년이 된 지금에야 어머니를 이해한다

이름 대신 근검절약을 몸에 달고
가늠할 수 없는 가슴 폭으로
오 남매를 키워내신 어머니

먼 길 떠나신 지 삼십여 년이 흘렀다
가을바람 살며시 옷깃을 흔드는 아침
촉촉해지는 눈가로
자식 잃은 비통함에 몸부림치는 젊은 엄마가 아롱져온다

엄마의 보자기

병마에 떠밀려 떠나가신 내 엄마
오늘따라 그리움으로 사무쳐온다

유품을 정리하던 그날
단단히 묶여진 보자기를 풀다가
봇물처럼 터졌던 통곡
세월이 흘러도 그 통곡은 막을 수가 없다

중학교 때 미완성 수예품이며
아득한 시간처럼 돌돌 말려진 초등졸업장이
긴긴 추억을 품은 채
질긴 숨을 쉬고 있었다
몇 번의 이사를 할 때마다
용케도 우릴 잘 따라다녔던 그 보자기

내 나이만 한 몸짓으로 물들어가는 석양을 바라보면
부실했던 내 유년에 모든 걸 거셨던
젊은 엄마가 살아난다

향긋한 그리움으로

내 살과 뼈가 여문 곳 대구
꽃집이라 불렸던 마당 넓은 집
열세 살 많은 언니는
식물을 유별나게 좋아하는 초등학교 선생님답게
마당 한복판에 울타리를 쳐 꽃밭을 만들었다
작은 꽃부터 큰 나무까지
없는 게 없는 식물 동산이었다
시간이 지나면서 우리 집 정원은
지나는 사람들의 눈길을 잡는 명소가 되었다
대문을 열어두고 살았던 시절
어머니의 텃밭은
언니의 꽃밭과 쌍벽을 이루었다
텃밭은 어머니의 창작연구소처럼
푸성귀들은 계절마다 다른 이야기를 들려주었다

언니의 꽃밭과 어머니의 텃밭 속에서 자란
내 학창 시절의 꿈
어머닌 떠나셨고
언니는 관절로 고생하는 노령이 되셨다
60년이 지난 지금도 선연히 살아나는
향긋한 그리움이여

떠난 사람 남은 사람

그녀는 오열했다
어머니의 죽음 앞에 홀로 남은 외로움
남편도 못 들어올 철옹성 같은 모녀 사이
그 어머니 천리 먼 길로 떠나보냈다

누구보다 아름다웠던 어머니를 그리며
살아있으면 나와 같은 나이라며
내 손을 꼭 잡는다
그녀의 손에서 전해져 오는 온기
따뜻한 만큼 마음은 시리다
세상 어디에도 안타깝지 않은 죽음은 없다

가까운 먼 날, 나 그 길 떠나면
내 살붙이들, 부디 잠시만 혼절하기를
부모님 떠난 자리에 쏟아내었던 눈물을 떠올린다
눈물은 말라도 슬픔은 여전히 굽이치고 있다
어디선가 들려오는 사모곡 한 자락
잔잔한 나의 밤을 뒤흔들고 있다

어머니, 수박 향으로

어머니의 유품을 정리하다
학창 시절 미완성 수예품들을 만난다
뚜껑도 없는 초등졸업장 케이스
희망찬 미래를 암시라도 했던 걸까
용 한 마리가 둥근 통 기둥을 타고 올라간다
우등상 개근상 한 번 안겨드리지 못한 불효가
지금에사 가슴을 짓누른다
아롱이다롱이 자식들에게 한생을 내놓으셨던 분

학교에서 돌아오면 맨 먼저 부엌으로 달려갔다
솥뚜껑을 열면
텃밭에서 날아온 먹을거리가 가득했다
헐레벌떡 허기를 채우고 있으면
쪽머리에 원피스로 멋을 낸 어머니가 양산 아래로 보였다
달려가 몸이 휘청거리도록 덥석 안기면
부드러운 눈빛으로 머리칼을 쓸어 넘겨주시곤 했다

어머니에게선 항상 수박 냄새가 났다
동동구리무로 단장은 하시는데
왜 수박 냄새가 났을까
어떤 어려움도 후련히 풀어주시는 시원한 향기가
곧 어머니 냄새가 아니었을까

낙엽처럼

가을 들녘은 나를
황금빛으로 물들여 놓는다
거기 끝없이 펼쳐지는 내 어린 시절
어머니 손잡고 누비던 뒷산과 앞개울은
젊은 날의 어머니와 함께 사위어간다

그 옛날의 어머니보다 더 늙어버린 나
작은 손 기척에도 바스라지는 낙엽이 되어 앉았다
풋풋했던 옛날이 있었던 낙엽처럼
나도 싱그러운 한때가 있었다

두 벌 새끼, 가을 단풍이 된 나를 만나러 올 들녘
서산 하늘에 깔리는 노을 속으로
내 젊은 날들이 물결쳐 온다
하루해 떠올라 지는 해 되는 것
이리도 찰나인 것을

보름달 가득

빗장이 반쯤 풀린 문틈으로
맛있는 연기는 솔솔 나를 불러들였다
살금살금 뒤꿈치로 따라가면
장작이 타고 남은 아궁이 숯불 위에선
고구마 감자 옥수수가 노릇노릇 몸을 뒤집고 있었다
엄마를 불러대며
반쯤 열린 문 와락 젖히고 고개 들이밀면
구수한 엄마 목소리가 달려 나왔다
어릴 적 내가 살던 꽤 널찍한 기와집
부엌 모퉁이엔 커다란 물항아리
부엌과 큰방을 연결하는 쪽문
가마솥이 터억 걸터앉은 아궁이
솥뚜껑 열면 방긋 웃으며 반기던 먹을거리들
지금도 그리운 후각으로 걸어온다
옛날을 가득 담고 있는 한가위 보름달
그리운 발자국소리 아련히 걸려 있다

제5부

지금이 천국이다

Dreaming the Celestial Dance of Butterflies
나비의 별자리를 꿈꾸며

acrylic & coffee on canvas, 2023 / 80x117 cm

오래된 탁자

새 보금자리 꾸밀 때
꿈과 낭만을 그리며 공간 하나 마련했다
안방 베란다에 자리 잡은 부부용 탁자
아침을 떠올리는 태양과
저녁을 재우는 치자빛 노을과
소망으로 뜨는 보름달이 곧잘 쉬었다 가곤 했다

언젠가부터 우리들의 자리엔
남편의 옷가지가 들어왔다
걷었다 걸쳤다를 수십 번
가득 찼던 꿈들이 그 자리를 떠난 것처럼
우리는 또 얼마나 변해 버렸을까
치자빛 노을과 밝은 달은
찾아오는 길 영영 잃어버렸을까

오래된 탁자는 잔주름이 늘었을 뿐
그 자태 그대로 변함이 없다
세월 따라 흐른 우리가 망가졌을 뿐이다
해와 달이 수십 번 다녀간 그 자리
오늘 쌓인 옷가지를 걷으며
사위어 가는 꿈 하나 다시 불러 앉힌다

봄날은 흐른다

봄날이라고 봄이 왔다고
화사한 웃음으로 벚꽃이 문을 두드린다

봄볕 같은 따스한 눈빛을 기대하며
앞산을 오른다
그러면 그렇지
나를 기다리고 있는 활짝 핀 진달래
나도 만개한 웃음으로 화답한다

어느새 그 봄은 매화향기만 남겨두고
서둘러 올여름 자리를 내어주려 한다
은은히 물드는 산사 독경 소리에
봄날은 흐른다

늦가을 이맘때쯤이면

늦가을 이맘때쯤이면
우리네 삶도 단풍 물이 든다
별로 곱지 않은 삶이지만
매사 제법 유려하다는 평을 듣고 싶다

먹을 만큼 먹은 세월
좋아하는 건 많은데 잘하는 건 없는 것 같다
그래도 아직 도전해 보고픈 것이 있음은
희미한 열정이나마 불씨가 남아 있는 것

코스모스가 떠난 지도 오래
이제 거리는 곧 겨울옷으로 두꺼워지겠지
풋풋했던 젊은 날
무지개 꿈 펼치던 그날을 반추하며
다시 올 새날을 꿈꾸어본다
해 지면 밤 오고 밤 지나면 해 뜨는 것처럼

또 하나의 깨달음

한 시절을 풍미했던 '이별'의 원곡 가수
헤어진 연인들의 눈물샘을 마구 터뜨렸지
강산이 여러 번 바뀌면서
나의 청춘도 그렇게 퇴색해갔다

오늘 그녀가
백발의 모습으로 브라운관 나들이를 왔다
싱싱한 노년의 열창으로 지난 공백을 후련히 쏟아낸다

아득한 기억 저편에서 살아나는 장면 하나
싱글맘 J가 두 손으로 마이크 꼭 잡고
그 노래를 부르다 목이 메었던 회식 자리
격려의 박수가 쏟아져 겨우 마무리했던 그날
아, 그 눈물을 이해 못 했던 나의 미숙함이여
머리에 서리가 내리고 시력도 흐려진 지금
그래도
또 하나의 깨달음으로 맞을 내일을 기다려본다

백년손님, 백 년 보물

어느 날
딸애가 사진 한 장을 내밀었다
첫눈에 쏘옥 들어온 청년
오랜 식구 같은 친밀감에 마음이 자꾸 갔다

뿌리 깊은 강산도 변한다는 십 년 세월
변하지 않는 사위 사랑 갈수록 든든하다
아들만 둘인 집안의 장남
우리 집에 넝쿨째 굴러온 보물이 되었다

허약체질로 태어나 부실한 나는
시도 때도 없이 귀한 손님을 찾아대지만
그 보물은 언제나 살가운 눈빛이다
적잖은 시간이 흘렀지만
변함없는 딸 내외의 사랑은 크나큰 내 행복이다

우리 집 무뚝뚝한 두 남자에
과묵한 한 남자 더 보태서 정적이 흐르지만
소슬바람처럼 가슴 뚫리는 청량함은 별미 중 별미
백년손님으로 오신 우리 집 백 년 보물

또 다른 도전

똘망똘망 열네 개의 보석알이 눈부시다
이야기 할머니 첫 수업, 드디어 그날이다
시선 둘 곳 못 찾아 미소만 보내고 있다
고사리들 꿈을 싣고 가꾸는 어린이집
두근두근 설레며 준비한 이야기보따리를 펼친다
반짝반짝 굴러다니는 별빛에 눈이 멀어
20분은 2분처럼 달아나고
할머니 다음 시간에 또 만나요
계이름의 솔만큼 목청 세우는 천사들
휴, 해냈다는 안도감에 발걸음이 가볍다
지난해부터 준비해온 이야기 할머니
손주보다 더 어린 친구들과 눈 맞추며
군것질 보따리 풀 듯 이야기보따리를 펼친다
내 주름진 얼굴 활짝 펼쳐놓은 터닝 포인트
버킷리스트에 선명한 밑줄 하나 더 그었노라고

하나뿐인 내 편

별빛 같은 내 사랑, 시 제목 같은 노래가 흘러나온다 절절한 노랫말이 나 살아온 날을 반추한다 남남인 이름으로 만나 반백년이 되어간다 맹세의 절반은 넘었을까 함께한 수십 년은 둘의 성별조차 한 덩이로 묶어 세상에서 가장 친숙한 친구로 만들었다 다 주어도 모자랄 사랑 다 받아도 넘치지 않을 사랑 어느 날 넌지시 다시 태어나도 당신 옆지기가 되겠다고 했더니 흡족한 입꼬리로 응수하던 그를 보고 기나긴 세월, 무너지지 않는 따뜻한 등을 보내주신 운명에게 감사드리며 아직 해보지 못한 몇 가지를 꼽아본다 손잡고 걷기 여보라고 불러보기 사랑한다고 말하기 쉬워서 못한 어려운 것들, 반백년을 지나고 있었구나

백 원짜리 동전 하나

유난히 맑고 높은 가을하늘이 뒹굴고 있는 나른한 오후를 불러낸다 대숲을 걸어볼까 코스모스길을 가볼까 결국 전업주부를 벗어나지 못하고 우리 농산물이 그득한 마트로 발길을 옮긴다 카트기에 탐스럽게 담길 채소와 과일 눈앞에 아른거린다 카트기 앞에 서는 순간 아뿔싸 동전이 한 개도 없음에 나는 당황한다 동전교환기는 위층에 있는데 안절부절못하는 내 모습이 딱해 보였는지 낯선 그녀가 동전 한 개를 건네준다 각박한 인심이라 세상을 원망한 적도 있었다 몸 굽히기 귀찮아 땅바닥의 동전을 외면한 적도 있었다 오늘따라 돌아오는 길이 너무나 곱고 아름답다 바람은 더욱 포실하다 그녀가 건네준 동전 한 개가 세상을 환하게 비춰주고 있다

변함과 변치 않음

밤을 지새우는 生이 있습니다
수백 개의 표정을 깎으며
다른 삶을 이해하려는 몸짓이 있습니다
네모에 담으면 네모가
동그라미에 담으면 동그라미가 되어갑니다
그러나 변치 않는 하나 있다면
어디에든 스며드는 그 마음입니다

마음 한곳 비워

가득 차야 최고가 되는 이름이 있다
만점 만선 만원 만석
이들을 좇으며 살아가는
여백을 잃어버린 사람들
뭉게구름이 하늘을 빼곡히 채운다면
우리에게 파란 하늘은 없다
수없이 바뀌는 하늘의 표정은
여백이 그려놓은 작품이다
우린 그곳에서 우주를 품어보기도 한다

초침 소리 가득한 마음도
여백을 잃은 지 오래
공간이 필요하다
슬픔과 행복 골고루 드나들 수 있도록
외로운 이웃의 쉼터가 될 수 있도록
마음 한곳 비워 둥지를 틀어본다

P턴

질주 본능에 나를 맡긴 채 달린다
친절한 내비 아가씨가 불쑥 끼어든다
백 미터 앞 P턴입니다
낭랑한 목소리가 얄미울 만큼 부럽다
오후와 함께 허스키로 변하는 내 목청이 무거워진다

우회전, 우회전, 다시 우회전을 반복하며
결국엔 좌회전 차선에 서야 했던 삶의 길
구부러진 길의 낭만은 꿈꾸면서
P턴은 왠지 시간 손실인 것만 같았다
한 걸음만 물러서서 바라보면
이렇게 여유로운 것을
돌고 돌아 찾아낸 눈앞의 직선
손실도 이익도 아닌 명쾌한 해답인 것을
돌아 나온 후 온몸에 번지는 쾌감이 짜릿하다

눈에 보이는 것 손에 잡히는 것
모두가 교훈이다
내비 아가씨가 Q턴하라 잔소리해도
나는 고분고분 잘 따르리라

처음의 행복

새로운 아침 바람이 콧등에 머문다
하루의 빗장을 여는 첫 공기
처음이란 낯선 새로움
아무도 밟지 않은 낙엽
저마다의 소리로 절묘한 하모니를 만들어낸다
처음은 그 이름만으로도 다 신선하다
갓 태어난 아기 울음소리도 첫눈도

고등학교 막 졸업하던 그해
생애 처음 양장점에서 맞춘
빨강과 흰색이 조화로운 모직 미니스커트
완성되는 그날은 왜 그렇게 더디 갔던지
종이가방 고이 들고 양장점 문을 나서는 그때
나를 기다리고 있던 첫눈이 폭죽처럼 터지고 있었다
새로 시작하는 내 삶을 응원해주던 첫눈
따뜻한 그 서설을 어떻게 잊을 수 있을까

가을 강 자락 따라

매미 소리 떠난 자리 풀벌레가 찾아왔네
소낙비 가슴 때리더니 가을비가 스며드네
다시 오기 위해 떠나가는 것들
잠시 흔드는 손은 이별이 아니지
뒤돌아보면 파란 그리움 자욱하고
이제 흩날리는 머리칼 가다듬으며
남아 있는 날들의 갈피를 잡아보네
이마에 나이 한 줄 더 보태져도
이젠 웃을 수 있겠네

가을 강 자락을 따라 흐르는 나뭇잎
저렇게 여유로울 수도 있구나
저 나뭇잎 배 얻어 타고
나도 가을 마중을 갈 수 있겠구나

내 生의 터닝 포인트

그대는 나리꽃을 닮았다
시 밥으로 나를 살찌게 하는 마르지 않는 샘물
해맑은 얼굴, 깊은 호수 같은 눈 속으로
나는 설레며 빨려든다

머릿속에 소유한 자산은 빌 게이츠
아무리 먹어도 배 나오지 않아
얄밉지만 얄밉지 않아
원피스가 잘 어울리는 그대

이태백의 풍류와 김선달의 여유가 종횡무진하고
폭포수 같은 역사 이야기는 가슴을 쓸어내린다

가뭄에 만난 소나기가 이처럼 달콤할까
숨 쉬는 시간조차 아까워
한순간도 놓칠 수 없는 강의의 명수

뜻글자 꼬부랑글자
쥐락펴락 자유자재 풀어놓고
무엇이든 척척 나의 지식 곳간이다
문학계의 큰 별
그대는 내 生의 터닝 포인트

오늘도
가뭄에 갈라진 논물 채우려
나는 두꺼운 노트 끼고
별빛 지저귐 들으러 간다

넘어지고 넘어서고

장애물은 넘어지라는 것이 아니고 넘어서라는 것
살아오면서 몇 번의 장애물을 넘었을까
열 손가락이 모자랄 것 같다

돌아보면 전화위복이 된 지난날
남편은 갑자기 사업을 하겠다고 했다
성공과 실패의 단어가 머릿속을 뛰어다녔다
혼돈 속 장애물
넘어지지 않고 넘을 수 있었던 건 성실 덕분이었다

진실 성실 믿음 도리
내가 좋아하는 단어들이다
넘어지지 않고 거뜬히 뛰어넘게 해준

2인 1조, 뛰어가는 경기가 있다
한 사람이 넘어지면 둘 다 넘어진다
둘이 하나 되어 한 곳만 바라본다
작은 성공을 거둔 눈빛들이 마주친다
서로의 눈빛을 오가는 무언의 한 마디
We can do it!

세모 즈음

젊디젊은 푸른 잎들
마른 주름 버석이는 낙엽으로
저물녘 밝히더니
어느덧 십이월에 섰다
세월은 권태기도 없는지
한결같은 발걸음을 떼어 놓는다
해마다 세모가 되면
화려한 새해를 설계하기보다
제대로 가꿔갈 수 있을는지 늘 두렵다

그러나 답은 있다
자연이 가는 섭리의 그 길이
우리가 따라야 할 가장 멋진 길
어제 죽은 이가 그토록 원하던
내일이라는 빛나는 그날
날마다 누릴 수 있는 오늘에
새삼 감사드리는 세모 즈음

지금이 천국이다

아스라한 저곳
우린 어쩌자고 높은 곳만 좇아 왔을까
예쁘고 귀한 것들 다 놓치고
숨 몰아쉬며 오르려고만 했을까

물은 언제나 낮은 곳으로
구석진 곳을 찾아
저리도 여유로운 몸짓 풀어놓는다
내려가다 만나는 조약돌도 모래알도
금방 보석이 되고
물때 낀 나뭇잎도 추억처럼 반긴다

저 아래, 저 아래엔
행복과 감사가 겹겹이 쌓여 있는데
목 아프지 않은 세상 널려 있는데

높은 산이 아니어도
초목들의 숨결은 달큼하고
햇볕도 바람도 내 몸에 깃드는데
어제도 내일도 높은 곳도 아닌
지금이 천국인 것을

긍정적 눈빛으로 데운 시의 온도

– 김향자 첫 시집 『따뜻한 기울기』 서평

이자영(시인 · 울산대 사회교육원 주임교수 역)

시 낭송가로, 여성 합창단 단장으로 맹활약을 하던 김향자 님이 언제부턴가 시 창작에 매달려 열심히 문학 수업을 받더니 고희의 늦은 나이에 월간 『문학세계』 시 부문 신인문학상에 당선되어 당당히 시인의 나라에 입성했다. 그동안의 꾸준한 시 작업에 대한 결정체로 첫 시집 『따뜻한 기울기』를 펴낸다.

『따뜻한 기울기』는 총 85편의 시 작품을 〈제1부〉 '노을 이쪽과 저쪽' 〈제2부〉 '살고 있다' 〈제3부〉 '따뜻한 기울기' 〈제4부〉 '향긋한 그리움으로' 〈제5부〉 '지금이 천국이다' 등에 나누어 담고 있는데 삶의 체험에서 비롯되는 깊고 넓은 내면적 성찰과 보편적 일상을 특별한 체험의 정서와 철학으로 이끌어내는 저력을 보이고 있다.

한 시인에 있어 첫 번째 시집이 점하는 위치와 의미는 자못 각별하다. 늦깎이 등단으로 새로운 여정을 한몸 삼아 남은 길을 아름답고 가치 있게 갈무리 지어야 할 김향자 시인으로서는 더더욱 그러하다. 지나온 길보다 훨씬 조금 남은 길, 그 길에 대한 뚜렷한 이정표와 자신의 존재론적 좌표 설정을 확연히 제시해야 하는 시점이기 때문이다.

이제 따뜻한 품성과 긍정적 눈빛으로 세상을 헤쳐온 김향자 시인이 어떻게 시의 온도를 데우고 있는지 내밀한 접근을 시도해보자.

어떤 섬세한 손길이 수를 놓았을까
한 땀 한 땀
낮과 밤, 이쪽저쪽을 갈라놓은 손 매무새
저녁노을을 바라보며 잠시 숙연해진다

삶은 언제나 이쪽과 저쪽으로 나뉘어 흘러갔다
팽팽한 대칭 속에서
우리는 적당한 기울기를 조절하며 살아간다
살아보니 좋은 일과 나쁜 일은 늘 공평했건만
나쁜 일이 많은 걸로 착각하며 살았던 것
오늘의 불행은
내일의 행복을 품고 있었던 것

노을 이쪽 편에서 저울질해본 오늘
저쪽 편에서 또 다른 기운으로 다가올 내일

—「노을 이쪽과 저쪽」 전문

시는 근원적으로 자신의 삶을 바탕으로 하여 인생에 대한 의미를 정서적으로 형상화하는 언어예술로 극기와 성찰이라는 자기 수행으로부터 출발되는 정서 표출 본능에서 그 창작 동기를 찾을 수 있다. 본능보다 강한 욕구는 없다. 시의 발생과 창작 동기를 그곳에서 찾을 때 시는 시인에게 있어 지엄한 삶의 계시이자 생명 그 자체의 발현이란 것을 알게 된다.

그러나 오늘날 많은 시인들은 삶보다 본능보다 교과서적인 시어의 조탁(彫琢)에 매몰되어 시의 본질을 놓치고 있는 게 사실이다.

김향자 시인의 시는 잡다한 멋부림과 지나친 사유가 없는 담백한 시다. 그는 '낮과 밤, 이쪽 저쪽을 갈라놓은 손 매무새'를 저녁노을에서 발견한다. '삶은 언제나 이쪽과 저쪽으로 나뉘어'진 곳 '팽팽한 대칭 속에서' '우리는 적당한 기울기를 조절하며 살아간다' '살아보니 좋은 일과 나쁜 일은 늘 공평했건만' 몽매한 우리는 늘 '나쁜 일이 많은 걸로 착각하며 살'아온 존재임을 깨닫는다. 그는 '노을 이쪽 편에서' 냉엄한 눈으로 오늘을 저울질하며 '저쪽 편에서 또 다른 기운으로 다가올 내일'을 감지하고 있다. 이러한 시적 발견과 성찰은 〈입추 무렵〉의 시편에서도 엿볼 수 있다. '설익어 떫은 감이었던 시절/ 가장 빛났던 우리들의 한때였다'며 낙과(落果)와 완숙과(完熟果)의 경계를 곧은 의식으로 성찰하고 있다.

간만의 서점 산책
나는 죽을 때까지 재미있게 살고 싶다
쉽고 긴 제목에 마음이 멈춘다
살고 싶다 살고 있다
나는 어느 쪽일까

작은 인연 씨 뿌려 소중히 가꾸어가는 일
숨 가쁜 고갯길 함께 가는 옆지기
크고 작은 일에 위로와 축하를 나누는 일
하룻밤 지나 먼동 트면
갈 곳이 기다려준다는 것

언제라도 단비 내려 촉촉해지는
내 작은 텃밭
나는 '살고 싶다'보다
'살고 있다'에 해당되는 사람이 틀림없다

—「살고 있다」 전문

몇 해 전 'Carpe diem'이라는 말이 지구촌 곳곳을 들썩이던 때가 있었다. 'Seize the day'란 말로 '이 순간을 놓치지 말라'는 그리스 시인 호라티우스의 시에서 유래했다.

위 인용시에선 순간의 소중함을 체득하고 있는 김향자 시인의 삶의 자세와 인식을 여실히 보여주고 있다.

그는 자신이 '살고 싶다'를 꿈꾸고 있는 미래지향적 실체인지 현재를 만끽하며 '살고 있다'에 만족하는 현재 가치적 실체인지 스스로를 들여다보게 된다. 결국 그가 확신하는 결론은 '작은 인연 씨 뿌려 소중히 가꾸어 가'

며 '숨 가쁜 고갯길 함께 가는 옆지기'와 '크고 작은 일에 위로와 축하를 나누며' '하룻밤 지나 먼동 트면/ 갈 곳이 기다려주는 지금 이 순간을 무엇보다 소중한 의미와 가치인 것을 재확인하며 자신은 분명 '살고 있다에 해당되는 사람임에 틀림없다'고 자신 있는 목소리로 외치고 있다. 'Carpe diem'을 실천하며 사는 삶, 이러한 시적 사유는 '찰나의 멈춤을 최고의 기회로 쓰고 싶다'고 다짐하는 〈우선멈춤〉의 시편에서도 표출된다.

사랑은 기울기다
더 사랑하는 쪽이 항상 상대 쪽으로 다가간다
앞서 걸어가는 젊은 연인들 보면
분명 어느 한 쪽이 다른 한 쪽으로 기울어 걷지만
살 만큼 산 시든 연인들의 어깨는 꼿꼿하다
그저 제자리 지키며 같은 곳을 바라볼 뿐이다

두 송이가 일 년 내내 번갈아 피는
우리집 안수리움
서로에게 등을 내주기로 했을까
꽃송이를 피우고는 언제나 서로 기대어 있다
오랜 연인처럼

—「따뜻한 기울기」 일부

위 인용시는 시집의 표제가 된 중요한 시편이다.

어느 날 시인의 시선은 '두 송이가 일 년 내내 번갈아' '꽃송이를 피우고는 언제나 서로 기대어 있'는 집안의 화초에 머문다. 마치 '서로에게 등을 내주'고 '오랜 연인처럼 한곳을 바라보는'듯한 모습에서 '두터운 세월 맞잡고 걷는 노부부의 뒷모습'을 오버랩 시킨다. '사랑은 기울기'가 맞다. '더 사랑하는 쪽이 항상 상대 쪽으로 다가'가는 모습이 흔히 목도하는 풍경이다. 젊은 연인들은 '분명 어느 한쪽이 다른 한쪽으로 기울어 걷지만' '살 만큼 산 시든 연인들의 어깨는 꼿꼿하'기 짝이 없다. 그러나 시적 화자는 그 꼿꼿한, 한물 간 노부부의 모습에서 지난날의 따뜻한 기울기를 반추한다. 비록 꼿꼿이 제자리를 지키지만 같은 각도를 유지하며 서로 등 내주며 같은 곳을 바라보며 노을길 따라 걷는 따뜻한 눈빛으로 시적 온도를 한껏 데워놓고 있다.

이처럼 시를 공유하는 독자들은 소설과 달리 삶과 현실세계에 대한 직접적 성찰보다는 감금되어 있는 내면세계의 빗장을 풀고 오래도록 칩거해 있던 자신의 본성을 시 속의 상황과 조응시키면서 그 상황에 자신이 함몰되어 가는 과정을 발견하게 되는 것이다. 시가 갖는 가장 큰 매력이라 할 수 있겠다.

> 내 살과 뼈가 여문 곳 대구
> 꽃집이라 불렸던 마당 넓은 집
> 열세 살 많은 언니는
> 식물을 유별나게 좋아하는 초등학교 선생님답게
> 마당 한복판에 울타리를 쳐 꽃밭을 만들었다
> 작은 꽃부터 큰 나무까지
> 없는 게 없는 식물동산이었다
> 시간이 지나면서 우리집 정원은
> 지나는 사람들의 눈길을 잡는 명소가 되었다
> 대문을 열어두고 살았던 시절
> 어머니의 텃밭은

언니의 꽃밭과 쌍벽을 이루었다
텃밭은 어머니의 창작연구소처럼
푸성귀들은 계절마다 다른 이야기를 들려주었다

언니의 꽃밭과 어머니의 텃밭 속에서 자란
내 학창시절의 꿈
어머닌 떠나셨고
언니는 관절로 고생하는 노령이 되셨다
60년이 지난 지금도 선연히 살아나는
향긋한 그리움이여

—「향긋한 그리움으로」 전문

어머니의 유품을 정리하다
학창시절 미완성 수예품들을 만난다
뚜껑도 없는 초등 졸업장 케이스
희망찬 미래를 암시라도 했던 걸까
용 한 마리가 둥근 통 기둥을 타고 올라간다
우등상 개근상 한 번 안겨드리지 못한 불효가
지금에사 가슴을 짓누른다
아롱이다롱이 자식들에게 한생을 내놓으셨던 분

학교에서 돌아오면 맨 먼저 부엌으로 달려갔다
솥뚜껑을 열면
텃밭에서 날아온 먹을거리가 가득했다
헐레벌떡 허기를 채우고 있으면
쪽머리에 원피스로 멋을 낸 어머니가 양산 아래로 보였다
달려가 몸이 휘청거리도록 덥석 안기면
부드러운 눈빛으로 머리칼을 쓸어 넘겨주시곤 했다

어머니에게선 항상 수박냄새가 났다

동동구리무로 단장은 하시는데
왜 수박냄새가 났을까
어떤 어려움도 후련히 풀어주시는 시원한 향기가
곧 어머니 냄새가 아니었을까

—「어머니, 수박 향으로」 전문

하늘은 뭉게구름 펼쳐놓고 오선지 내어준다
파도소리는 노래 한 소절이 되고
모래사장 발자국은
아름다운 노랫말을 다듬어준다
엄마의 노래
바람의 노래
무수한 곡들이 파도를 타고
오선지에 겹쳐진다
엄마는 언제 불러도 명치끝이 저려오고
바람이 지나간 자리는 허탈하다
나만의 설렘이 쏟아낸 글말
대단한 곡은 아니어도
바람 한 편에 걸어두고 싶다
어찌할 수 없는 감정들이 파문을 일으킬 때면
하늘을 펼쳐들고 마음을 담곤 한다

—「선율도 노랫말도」 전문

〈제4부〉는 17편 전편이 어머니에 대한 그리움을 노래한 시편들로 구성되어 있다.

김향자 시집에 자리 잡고 있는 시적 진실이 무엇일까 궁금해 하며 따라가 보면 그 근원에 아려(雅麗)한 시적 풍경이 잔잔히 깔려 있음을 알 수 있다.

시 작업에 있어 상징이나 비유는 이미지만으로 이루어지지 않는다. 우리의 일상이나 삶 속에 진솔함이 투영될 때 비로소 통절한 삶의 모습이 자리 잡는 것이다. 시적 화자의 유년을 소담스럽게 채우는 어머니의 남다른 사랑과 체온이 〈제4부〉의 시편들 전편에 걸쳐 아려한 시적 풍경이 되고 있음이 분명해지는 대목이다. 그 사랑의 온도는 '60년이 지난 지금도 선연히 살아나는/향긋한 그리움'으로 식지 않고 오히려 데워지고 있으며 '엄마는 언제 불러도 명치끝이 저려오'는 특별한 대상이다. 감아 오르는 넝쿨을 결코 밀쳐내는 법 없는 바위 같은 존재가 하늘을 오르는 버팀목이 되어주던 우리네 어머니였던 것.

질주 본능에 나를 맡긴 채 달린다
친절한 내비 아가씨가 불쑥 끼어든다
백 미터 앞 P턴입니다
낭랑한 목소리가 얄미울 만큼 부럽다
오후와 함께 허스키로 변하는 내 목청이 무거워진다

우회전, 우회전, 다시 우회전을 반복하며
결국엔 좌회전 차선에 서야 했던 삶의 길
구부러진 길의 낭만은 꿈꾸면서
P턴은 왠지 시간 손실인 것만 같았다
한 걸음만 물러서서 바라보면
이렇게 여유로운 것을
돌고 돌아 찾아낸 눈앞의 직선
손실도 이익도 아닌 명쾌한 해답인 것을
돌아나온 후 온몸에 번지는 쾌감이 짜릿하다

눈에 보이는 것 손에 잡히는 것
모두가 교훈이다
내비 아가씨가 Q턴하라 잔소리해도
나는 고분고분 잘 따르리라

—「P턴」 전문

위 인용시는 긍정적 삶의 자세를 견지해온 김향자 시인의 일상의 단면을 보여주는 시편이다.

우리는 끊임없이 우회전 좌회전을 반복하며 갈팡질팡하는 삶을 살고 있는 게 사실이다. '구부러진 길의 낭만은 꿈꾸면서' 'P턴은 왠지 손실인 것'으로 생각하는 것은 인지상정이다. '한 걸음만 물러서서 바라보면/ 이렇게 여유로운 것을' 시인의 명쾌한 한 마디, '내비 아가씨가 Q턴이라 잔소리해도' '나는 고분고분 잘 따르리라' 갑자기 윤기를 내뿜으며 시의 바퀴가 매끄럽게 굴러간다. 그의 긍정적 초월적 안목은 또 다른 시편 〈가을 강 자락 따라〉에서도 보인다. '이마에 나이 한 줄 더 보태져도/ 이젠 웃을 수 있겠'다며 한층 여유로워진다. '가을 강 자락을 따라 흐르는 나뭇잎/ 저렇게 여유로울 수도 있구나' 급기야는 '저 나뭇잎 얻어 타고/ 나도 가을마중을 갈 수 있겠구나'라는 시구는 나이 들어가는 독자들의 마음을 단박에 당기는 강렬한 힘을 지녔다.

열정적 삶의 태도로 늦깎이 시인의 꿈을 이룬 그는 내친김에 또 다른 도전을 시도하기에 이른다.

똘망똘망 열네 개의 보석알이 눈부시다
이야기 할머니 첫 수업, 드디어 그날이다
시선 둘 곳 못 찾아 미소만 보내고 있다
고사리들 꿈을 싣고 가꾸는 어린이집
두근두근 설레며 준비한 이야기보따리를 펼친다
반짝반짝 굴러다니는 별빛에 눈이 멀어
20분은 2분처럼 달아나고
할머니 다음 시간에 또 만나요
계이름의 솔만큼 목청 세우는 천사들
휴, 해냈다는 안도감에 발걸음이 가볍다
지난해부터 준비해온 이야기 할머니
손주보다 더 어린 친구들과 눈 맞추며
군것질 보따리 풀 듯 이야기보따리를 펼친다
내 주름진 얼굴 활짝 펼쳐놓은 터닝포인트
버킷리스트에 선명한 밑줄 하나 더 그었노라고

—「또 다른 도전」 전문

긴 시간 울산과 부산을 오가며 성실히 교육을 받으며 준비한 '이야기 할머니'의 꿈을 마침내 이루게 된다. '두근두근 설레며 준비한 이야기보따리를 펼치는 첫 수업, 상상하는 이의 심장이 미리 콩닥거린다. '반짝반짝 굴러다니는 별빛에 눈이 멀어/ 20분은 2분처럼 달아나고' '손주보다 더 어린 친구들'과 눈 맞추며 '군것질 보따리 풀 듯 이야기보따리를 펼'치는 시인의 행복감을 어디에 비할 수 있으랴.

갖고픈 것들 그리도 많아
숱한 밤 지새웠던 어릴 적

널따란 초원 위 그림 같은 집을 그리며
세느강 다리 아래서 뱃놀이도 꿈꾸었다
꿈인지 욕심이었는지 지금도 알 수 없다

놓아주어야 할 것에 대해 생각해본다
마음속에 빼곡한 욕심이란 놈
썩 나가라 소리쳤더니
때를 알고 벌써 나간 듯 빈자리가 헐렁하다
언제부턴가 마음 한편이 편해지기 시작했다

무지갯빛 세상이 이런 거구나
나는 행복합니다 라는 상투적인 유행가가 다가온다
내가 떠나온 그 모든 곳이
진정한 행복의 숲이었다

—「떠나온 모든 것이 행복이었다」 전문

아스라한 저곳
우린 어쩌자고 높은 곳만 쫓아 왔을까
예쁘고 귀한 것들 다 놓치고
숨 몰아쉬며 오르려고만 했을까

물은 언제나 낮은 곳으로
구석진 곳을 찾아
저리도 여유로운 몸짓 풀어놓는다
내려가다 만나는 조약돌도 모래알도
금방 보석이 되고
물때 낀 나뭇잎도 추억처럼 반긴다

저 아래, 저 아래엔
행복과 감사가 겹겹이 쌓여 있는데
목 아프지 않은 세상 널려 있는데

높은 산이 아니어도
초목들의 숨결은 달큼하고
햇볕도 바람도 내 몸에 깃드는데
어제도 내일도 높은 곳도 아닌
지금이 천국인 것을

—「지금이 천국이다」 전문

노익장을 과시하며 높기만 했던 세상에 도전장을 과감히 던져 무엇이든 이루어내고 만 시인은 현실에 대한 무한 만족과 감사하는 마음으로 지난날을 반추해본다. '떠나온 모든 곳이 행복이었다' '지금이 천국이다' 라고 자신 있게 부르짖는다. 그 울림이 싱그럽게 울려 퍼지는 순간이다. 온몸에 전율이 흐른다.

시의 떨기마다 진솔한 체온과 숨결이 전해져오는 김향자 시인의 첫 시집 『따뜻한 기울기』를 긴 시간 산책하였다.

겉멋과 기교에 물들지 않는, 쉽고 따뜻하게 읽혀지는 시편들에선 가슴 밑바닥에서부터 끊임없이 따뜻한 훈기가 피어오르고 있다. 그 훈기 틈새로 "문학은 인생에 대한 질문"이라 갈파했던 사르트르의 의미심장한 표정이 스쳐 지나간다.

정 영 진

- 삼영화학 대표
- 갤러리 크로크리아 대표
- 건국대학교 일반대학원 예술학박사 과정
- 울산 문화 · 예술인모임 정회원
- 경상일보 독자원익위원회
- 경상일보 청년CEO 칼럼리스트

개인전&단체전

- 한국현대미술 일본쿄토아트페스티벌 2023 /단체전
- 울산작가 6인전 2023 /단체전
- 울산 문화 · 예술인모임 초대작가전 2023 /단체전
- UCAA 2022 정기회원전 /단체전
- 한국창조예술협회 창립기념전 2022 /단체전
- 커피의 또 다른 향기 2019 /더정3rd
- 봄내음 나는 창 2015 /더정2nd
- 당신의 생각을 표현하는 색 2013 /더정1st
- 앨리스의 가구나라 2008 /이&정 2인기획전
- 서울미술협회 2005 신진작가 초대전 /단체전

수상내역

- 제43회 한국미술협회 대구미술대전
- 제26, 27회 한국미술협회 울산미술대전
- 제22회 한마음미술대전
- 제9회 한국창조예술협회 미술대전

홈페이지 : www.thezeong.com

흐르는 비 너머의 반짝임, 하나
/Shimmers Beyond the Rain, 1
acrylic & coffee on canvas, 2020.11. / 65x80 cm

빛의 고독: 비오는 길 , 하나
/Solitude of Light: Rainy Road 1
acrylic & coffee on canvas, 2020.05. / 65x80 cm

빛의 고독: 노을바람
/Solitude of Light: Sunset Wind
acrylic & coffee on canvas, 2020.07. / 60x73 cm

문학세계대표작가선 999

따뜻한 기울기

김향자 시집

인쇄 1판 1쇄 2023년 9월 1일
발행 1판 1쇄 2023년 9월 10일

지 은 이 : 김향자
펴 낸 이 : 김천우
펴 낸 곳 : 도서출판 천우
등 록 : 1992. 2. 15. 제1-1307호
주 소 : 서울시 성동구 무학봉28길 6 금용빌딩 2F
전 화 : 02)2298-7661
팩 스 : 02)2298-7665
http://cafe.naver.com/chunwu777
E-mail : cw7661@naver.com

값 20,000원

ISBN 978-89-7954-908-9